À PLUS 2

MÉTHODE DE FRANÇAIS POUR ADOLESCENTS

Cahier d'exercices + CD

AUTEURE

Sandra Lo-Ré

EDITIONS

maison des langues

www.emdl.fr/fle

Sommaire

Cette page est pour toi !

Colle, dessine, écris... tout ce que tu veux.

Papier ou écran ?

1 Julie enquête sur l'utilisation d'Internet dans son collège. Associe les questions qu'elle pose aux réponses de Loïc.

1 Est-ce que tu utilises Internet ?

2 Où est-ce que tu utilises Internet ?

3 Tu te connectes combien de fois par semaine ?

4 Qu'est-ce que tu fais sur Internet ?

5 Tu préfères faire des recherches sur Internet ou dans une bibliothèque ?

6 Pourquoi tu préfères Internet ?

a Je me connecte presque tous les jours.

b Parce que je n'ai pas le temps d'aller à la bibliothèque. J'habite assez loin.

c Je préfère Internet.

d Oui, bien sûr !

e Je joue à des jeux, je chatte avec mes amis. Je regarde les forums quand j'ai un problème. Je fais des recherches aussi.

f Chez moi. On a un ordinateur à la maison.

2 Jamil et toi préparez ensemble un exposé pour le cours d'histoire. Il te pose des questions pour connaître tes préférences. Réponds librement à ses questions.

Tu préfères travailler à la maison ou à la bibliothèque ?

....
....
....

Tu veux faire des recherches sur Internet ? Ou tu préfères chercher dans des livres et des magazines ?

....
....
....

J'aime les exposés avec des vidéos. Et toi ?

....
....
....

Tu préfères lire le texte de l'exposé ou le faire sans lire tes notes ?

....
....
....

3

01

A. Écoute le dialogue entre Mathias et Linda. Qui préfère les livres imprimés ? Qui préfère les livres numériques (ebooks) ? Associe chaque prénom à un support de lecture.

Linda   **Mathias**

livre numérique

livre imprimé

B. Quels sont, pour eux, les bons côtés des livres imprimés et des livres numériques ? Réécoute leur conversation et associe les avantages à chaque support.

livre numérique	livre imprimé

C'est très léger.   On peut prêter un livre qu'on a aimé.

C'est plus agréable à lire.   On peut télécharger des livres en plein de langues différentes.

Ça a toujours de la batterie : pas besoin de le recharger.   Ça va très vite !

C. Et toi ? Tu préfères lire sur du papier, sur un écran ou ça t'est égal ? Pourquoi ?

Téléphone, téléphone

1 **A.** Lis ce forum et complète le tableau.

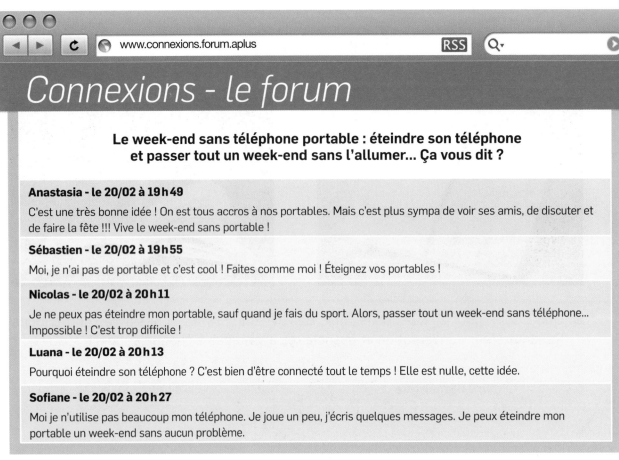

www.connexions.forum.aplus RSS

Connexions - le forum

Le week-end sans téléphone portable : éteindre son téléphone et passer tout un week-end sans l'allumer... Ça vous dit ?

Anastasia - le 20/02 à 19h49

C'est une très bonne idée ! On est tous accros à nos portables. Mais c'est plus sympa de voir ses amis, de discuter et de faire la fête !!! Vive le week-end sans portable !

Sébastien - le 20/02 à 19h55

Moi, je n'ai pas de portable et c'est cool ! Faites comme moi ! Éteignez vos portables !

Nicolas - le 20/02 à 20h11

Je ne peux pas éteindre mon portable, sauf quand je fais du sport. Alors, passer tout un week-end sans téléphone... Impossible ! C'est trop difficile !

Luana - le 20/02 à 20h13

Pourquoi éteindre son téléphone ? C'est bien d'être connecté tout le temps ! Elle est nulle, cette idée.

Sofiane - le 20/02 à 20h27

Moi je n'utilise pas beaucoup mon téléphone. Je joue un peu, j'écris quelques messages. Je peux éteindre mon portable un week-end sans aucun problème.

		Anastasia	Sébastien	Nicolas	Luana	Sofiane
Oui au week-end sans téléphone !	👍					
Non au week-end sans téléphone !	👎					

B. Et toi ? Tu dis oui ou non au week-end sans téléphone ? Poste ton avis sur le forum.

www.connexions.forum.aplus.fr RSS

Connexions - le forum

2 Complète la conversation téléphonique d'Anna et Martin en remettant les phrases dans l'ordre.

Anna : *Allô ?*

Martin : ....

Anna : ....

Martin : ....

Anna : *Non, non, mais ça risque de couper.*

Martin : ....

Anna : ....

Martin : ....

Anna : ....

Martin : ....

Anna : *Salut ! À demain !*

Très bien ! Et toi, ça va ?

Je le connais par cœur. Tu notes ? 01 29 63 75 96.

Je veux juste le numéro de Léa.

Merci beaucoup ! À demain !

Pourquoi ? T'es où ?

Salut Anna ! Tu vas bien ?

Je suis dans le métro.

Ça va, ça va. Je te dérange ?

3 Affirmation ou question ? Écoute ces phrases et choisis le signe de ponctuation (**?** ou **.**) qui convient.

02

1. Tous les élèves vont au cinéma, même Hugo_?_

2. Tu peux utiliser Internet à la bibliothèque. Ils ont de bons ordinateurs_

3. Bien sûr ! Même ma grand-mère a une tablette_

4. On va consulter des forums_

5. Il y a tout sur Internet, même des cours pour apprendre à vivre sans Internet_

6. Tu ne regardes aucune vidéo en ligne_

7. Certaines tablettes font un peu mal aux yeux_

8. Je n'éteins pas mon téléphone, sauf pour dormir, quand je suis en cours et au cinéma_

Il y a un bug...

1 Trouve un maximum de mots que tu connais déjà dans ce nuage de mots. Entoure-les et compte combien tu en as.

2 Complète les dialogues avec *savoir* ou *connaître* au présent.

- Tu .... Stromae ? C'est un super chanteur.
- Oui, je suis fan ! J'ai tous ses disques.

- Tu .... mon pays, le Brésil ?
- Non, mais je .... parler portugais.

- On se retrouve où et à quelle heure ?
- Euh... À 17 h, ça va ? Tu .... la place des Étoiles ?
- Très bien. J'habite à côté.

- Tu .... qui a inventé les jeux vidéo ?
- Non, je ne .... pas.
- Ralph Baer et William Higinbotham.

3 Écoute ces phrases et classe-les dans la bonne bulle.

03

1. Bof... C'est pas génial.
2. Ouais, c'est sympa.
3. Je trouve ça nul.
4. Je trouve ça génial !
5. Oui ! C'est formidable !
6. Je pense que c'est horrible !
7. Je pense que c'est super.
8. C'est pas super bien.
9. Pour moi, c'est parfait !

Avis positif

Avis négatif

Bof... C'est pas génial.

4 Qu'est-ce que tu en penses ? Écris ton avis au-dessus de chaque image.

Je trouve ça nul !

_ _ _ _ _ _ _ _ _ _ _ _ _ _ _ _ _

_ _ _ _ _ _ _ _ _ _ _ _ _ _ _ _ _

_ _ _ _ _ _ _ _ _ _ _ _ _ _ _ _ _

_ _ _ _ _ _ _ _ _ _ _ _ _ _ _ _ _

_ _ _ _ _ _ _ _ _ _ _ _ _ _ _ _ _

Production

Vidéo ou cinéma ?

Ce site propose une comparaison entre aller au cinéma ou regarder une vidéo en ligne. Qu'est-ce que tu préfères, toi ? Le cinéma, la vidéo, ou les deux ? Pourquoi ? Écris au site pour donner ton avis.

www.quechoisir.aplus

RSS

4 raisons de préférer le cinéma

- C'est beau, un film sur grand écran.
- On entend bien la musique.
- On est dans le film, on oublie tout.
- Ça fait une sortie avec les amis.

4 raisons de préférer la vidéo

- Il y a beaucoup plus de choix.
- On arrête le film quand on veut.
- On peut choisir les sous-titres.
- On reste tranquille(s) à la maison.

Participe à l'enquête

Cette page est pour toi !

Colle, dessine, écris... tout ce que tu veux.

Lignes de vie

1 Classe les mots dans le soleil.

enfance   enfants   anniversaire   amour   frères   reportage   âge adulte

grands-parents   peur   accident   courage   compétition   sœurs   vétérinaire

adolescence   bonheur   musicienne   reporter   parents   amis   entraîneur

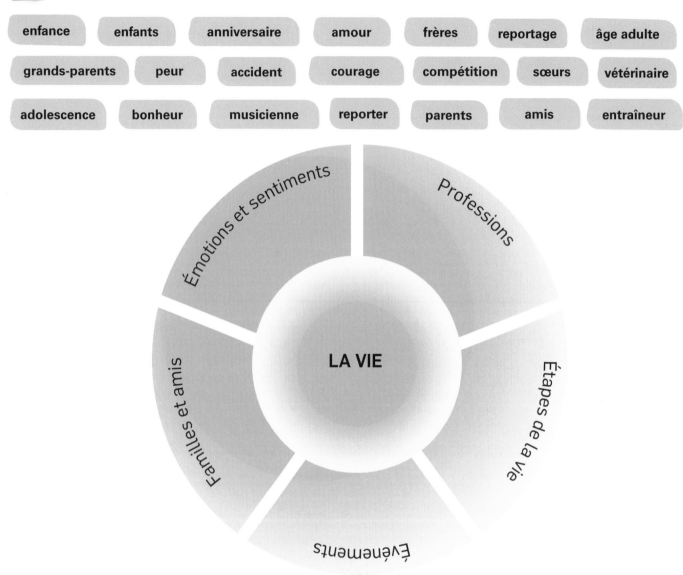

2 Associe chaque verbe à l'infinitif (en vert) à son participe passé (en jaune). Ensuite, complète l'étiquette avec la terminaison de chaque groupe de participes passés.

être   avoir   réussir

passer   vivre   offrir

découvrir   gagner   faire

prendre   grandir   plaire

comprendre   rencontrer   dire

terminent en …   compris   pris

terminent en …   grandi   réussi

terminent en …   offert   découvert

terminent en …   passé   gagné   rencontré   été

terminent en *t*   fait   dit

terminent en …   vécu   plu   eu

3 Écoute l'enregistrement de l'interview d'Olivier pour compléter la version écrite dans le journal.

04

—————————————————————— **Toulouse Hebdo**

Olivier Martinez : « J'ai toujours voulu aider les autres ».

Rencontre avec Olivier Martinez, infirmier dans un collège du Mirail.

Pourquoi _____ le métier d'infirmier ?

J'ai toujours voulu aider les autres, depuis l'enfance. Et, pour moi, travailler dans la santé, c'est la meilleure façon d'aider les gens.

Comment _____ à travailler ?

J'ai fait des études d'infirmerie et j'ai terminé à vingt-deux ans. J'ai d'abord travaillé dans une association au Togo. J'ai passé dix ans à Lomé, la capitale.

Qu'est-ce que _____ avec cette expérience ?

J'ai appris à travailler en équipe, avec les médecins, avec les autres infirmiers. J'ai eu la chance de connaître des gens très bien. Les patients aussi m'ont beaucoup appris, avec leur générosité, leur énergie. J'ai adoré ces dix années au Togo.

Est-ce que _____ des expériences difficiles ?

Oui. Le retour en France a été difficile. J'ai été très heureux au Togo... J'ai eu du mal à revenir, à me réadapter à la France. Pourtant j'ai grandi ici... Enfin, j'ai trouvé du travail comme infirmier dans un collège à Nantes. Et, il y a deux ans, j'ai déménagé à Toulouse, pour vivre avec ma femme. Elle est enseignante ici aussi, dans ce collège.

_____ votre métier ?

Oui ! J'adore travailler avec les jeunes ! Ils me racontent leurs problèmes de santé, mais aussi leurs histoires personnelles. Ils n'ont pas toujours la vie facile. Je les trouve très courageux. Et en plus, ils sont sympas.

4 Remets la biographie de la rappeuse Keny Arkana dans l'ordre chronologique.

○ Elle a sorti son premier album, *Entre ciment et belle étoile*, en 2006.

○ Son deuxième album, *Tout tourne autour du soleil*, a rencontré un grand succès.

○ En 2004, elle a participé à la création de « La Rage du Peuple », un collectif qui se bat pour un monde meilleur.

○ Elle a commencé à écrire des textes et à rapper à l'âge de douze ans.

① Keny Arkana est née le 20 décembre 1982 et elle a grandi à Marseille.

○ Au début des années 2000, elle a donné ses premiers concerts avec le groupe État-Major.

Dessine ta vie !

1 David a dessiné la vie de ses grands-parents. Complète les légendes des dessins à l'aide des étiquettes.

se sont rencontrés   sont nées   est née   sont tombés   ont décidé   se sont mariés   est né   ont eu

Ma grand-mère _____ en 1949 au Portugal et mon grand-père _____ en 1950 en Belgique.

Ils _____ à Bruxelles et ils _____ très amoureux.

Ils _____ en 1974, l'année de la Révolution des œillets au Portugal.

L'année d'après, ils _____ leur premier enfant : mon père.

Mes tantes jumelles, Anna et Julia, _____ trois ans plus tard.

En 2012, mes grands-parents _____ d'aller vivre à Lisbonne. Ils sont toujours très amoureux.

2 Choisis 3 dates importantes pour toi, pour les gens que tu aimes ou pour le monde et raconte ce qui s'est passé.

3 **A.** Associe chaque rêve à une image.

Faire le tour du monde   Apprendre le chinois en Chine   Rencontrer son chanteur préféré

Sauter en parachute   Faire une fête avec tous les gens qu'on aime   Dormir dans un musée

05 B. Écoute le micro-trottoir. Les personnes interviewées ont-elles réalisé leurs rêves ?

	DÉJÀ FAIT	JAMAIS FAIT
1. Faire le tour du monde en vélo.	☐	☒
2. Apprendre le chinois en Chine.	☐	☐
3. Rencontrer son chanteur préféré.	☐	☐
4. Sauter en parachute.	☐	☐
5. Faire une fête avec tous les gens qu'on aime.	☐	☐
6. Dormir dans un musée.	☐	☐

C. Est-ce que tu as déjà réalisé un rêve ? Est-ce que tu veux faire quelque chose que tu n'as jamais fait ? Note tes rêves (réalisés ou pas) dans le carnet.

• J'ai déjà dormi dehors, sous les étoiles, mais je ne suis jamais allée au Canada.

Au fil du temps

1 Retrouve les mots cachés dans la grille (de gauche à droite et de haut en bas).

héros   oublier   déjà   tout

toujours   jamais   collection

adolescence   (se) souvenir   interview

reporter   (se) rappeler   remercier

jeunesse   vocation   commencer

C	Q	V	Z	S	H	E	R	O	S	I	A
O	D	O	C	E	B	S	G	O	H	N	D
L	E	C	O	R	V	E	R	U	L	T	O
L	J	A	M	A	I	S	E	B	T	E	L
E	A	T	M	P	J	O	M	L	O	R	E
C	F	I	E	P	E	U	E	I	U	V	S
T	K	O	N	E	U	V	R	E	J	I	C
I	P	N	C	L	N	E	C	R	O	E	E
O	L	A	E	E	E	N	I	M	U	W	N
N	M	I	R	R	S	I	E	P	R	B	C
S	T	O	U	T	S	R	R	X	S	K	E
V	R	U	B	R	E	P	O	R	T	E	R

2 **A.** Lis le blog de Vanessa et réponds aux questions.

www.marchersurlesmains.aplus   RSS

J'ai appris à marcher sur les mains !
Posté le 3 septembre

Depuis toute petite, j'ai toujours rêvé d'apprendre à marcher sur les mains. Cet été, j'étais chez mes grands-parents avec mon cousin et on s'est dit : « C'est maintenant ou jamais ! »
On a commencé à faire des exercices tout simples, contre un mur. Et, petit à petit, on a appris à marcher la tête en bas. Et ça y est ! Je sais marcher sur les mains.

J'ai arrêté de rêver devant les vidéos de gens qui marchent sur les mains. Je continue à marcher normalement, sur mes pieds, mais, de temps en temps, je regarde le monde à l'envers...

1. Qu'est-ce que Vanessa a décidé de faire ?

....

2. Qu'est-ce qu'elle a commencé à faire ?

....

3. Qu'est-ce qu'elle a arrêté de faire ?

....

4. Qu'est-ce qu'elle continue à faire ?

....

B. À ton tour ! Écris...

- une chose que tu as décidé de faire,
- une chose que tu as commencé à faire,
- une chose que tu continues à faire,
- une chose que tu as arrêté de faire.

3   **A.** Écoute la conversation entre Évan et Manon. De quels objets parlent-ils ?

06

BD

billes

tasses

cailloux

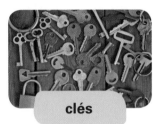
clés

gommes

badges

Je ne collectionne _____ .

Et moi, je collectionne presque _____ .

• Je ne collectionne rien. Je n'ai pas de place dans ma chambre.
_____
_____
_____
_____
_____
_____

B. Complète la bulle de chacun avec **tout** ou **rien**.

C. Est-ce que tu as une collection ? Est-ce que tu veux faire une collection ? Si oui, de quoi ? Si non, pourquoi ?

4   Classe les verbes selon qu'ils s'utilisent avec **avoir** ou avec **être** au passé composé.

| aller | sortir | devenir | vouloir | rêver | faire |

| naître | rester | travailler | avoir | manger | apprendre |

ÊTRE

AVOIR

Dessine sa vie !

Choisis une personne que tu connais, ou une personne célèbre, ou un personnage de fiction et raconte sa vie en images. Écris les événements importants de sa vie et illustre-les avec des dessins, des photos, des collages, etc.

Cette page est pour toi !

Colle, dessine, écris... tout ce que tu veux.

Quand j'étais enfant

1 **A.** Regarde les deux images de Manu et associe les étiquettes chacune.
Attention ! Une des étiquettes peut être associée aux deux images.

avant

maintenant

petit   grand   maigre   rond   brun   cheveux courts   cheveux longs

salopette   barbe   sac à dos   boucle d'oreille

B. À l'aide des étiquettes jaunes, écris 3 phrases avec *plus... que*, *moins... que* ou *aussi... que* pour décrire les différences entre Manu avant et Manu maintenant.

> 1. Avant, Manu était plus petit que maintenant.

C. Qu'est-ce que Manu *ne* portait *pas encore*, quand il était petit ? Qu'est-ce qu'il *ne* porte *plus* maintenant ? Écris 4 phrases à l'aide des étiquettes bleu turquoise.

2 Écoute Joël parler de ses activités. Coche dans le tableau si elles appartiennent au passé (avant) ou au présent (maintenant).

07

	PASSÉ	PRÉSENT
Regarder la télé		
Aller au cinéma		
Regarder des films en ligne		
Lire des magazines		
Avoir un blog		

3 Lis et complète le témoignage de Sandra en conjuguant les verbes entre parenthèses.

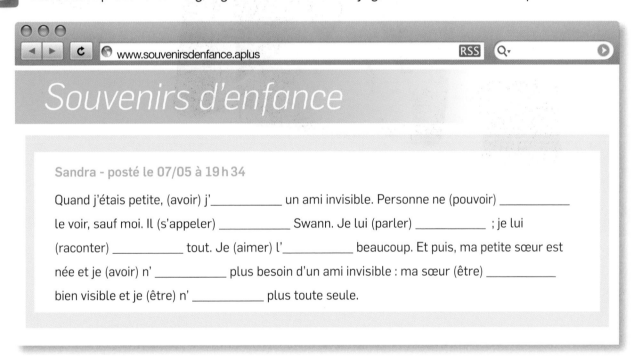

www.souvenirsdenfance.aplus   RSS   Q⌄

Souvenirs d'enfance

Sandra - posté le 07/05 à 19 h 34

Quand j'étais petite, (avoir) j'_____ un ami invisible. Personne ne (pouvoir) _____ le voir, sauf moi. Il (s'appeler) _____ Swann. Je lui (parler) _____ ; je lui (raconter) _____ tout. Je (aimer) l'_____ beaucoup. Et puis, ma petite sœur est née et je (avoir) n' _____ plus besoin d'un ami invisible : ma sœur (être) _____ bien visible et je (être) n' _____ plus toute seule.

4 Et toi ? Raconte une chose que tu faisais ou que tu pensais quand tu étais petit(e).

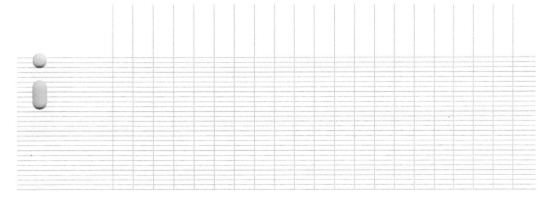

Il n'y a pas si longtemps

1

A. Écoute le dialogue entre Chloé et son père, Arnaud, et entoure les outils ou objets dont ils parlent.

08

un téléphone portable

des patins à roulettes

un téléphone fixe

des lunettes

un appareil photo

une machine à écrire

des lettres

B. Écoute à nouveau le dialogue et réponds par *Vrai* ou *Faux*.

08

1. Quand Arnaud était adolescent, il n'avait pas de portable. ◯ VRAI / ◯ FAUX

2. Arnaud ne voyait ses copains qu'au collège. ◯ VRAI / ◯ FAUX

3. Arnaud n'a eu qu'une amoureuse quand il était au collège. ◯ VRAI / ◯ FAUX

4. Arnaud et Alice s'écrivaient des mails et des textos. ◯ VRAI / ◯ FAUX

5. Ils sont sortis ensemble pendant des années. ◯ VRAI / ◯ FAUX

C. Demande à un(e) adulte ce qui existait déjà et ce qui n'existait pas encore quand il ou elle avait ton âge.

Quand ma tante avait mon âge, les tablettes n'existaient pas encore.

2 **A.** Associe les noms des fêtes aux images.

le Nouvel An

la Saint-Valentin

le 1er avril

la fête des mères

la fête des pères

un anniversaire

Halloween

Noël

B. Quelle est la formule qui correspond à chaque fête ?

Bon anniversaire !*   Joyeux Noël !   Joyeuse Halloween !**   Bonne fête Maman !

Bonne année !   Bonne Saint-Valentin !   Poisson d'avril !   Bonne fête Papa !

* Au Québec, on dit : « Bonne fête ! »

** Au Québec seulement.

3 Associe chaque message à une fête.

a
Bonne fête les amoureux ! 🖤🤍🖤

b
Passe une bonne soirée d'Halloween !
Amuse-toi bien ! 🎃👻

c
Plein de bonheur et de joie pour la
nouvelle année ! 🎉🥂🎈

d
Je t'aime Maman ! 🌻🖤

e
Bon Noël ! Et des bisous à toute la
famille ! 🎄🎁😘

f
Bonne fête Papa chéri ! 💐😍

g
Joyeux anniversaire Mounia ! 🎂🎶
Je t'embrasse fort ! 😘

h
Poisson d'avril !!!! 🐟 C'était une
blague ! 😂😂😂

Tout a changé ?

1 Observe les images et coche les nombres qui s'écrivent avec des chiffres romains ou des chiffres arabes en français.

	chiffres arabes (1, 2, 3, 4, 5, etc.)	chiffres romains (I, II, III, IV, V, etc.)
âges, heures et dates		
noms de rois et de reines		
scores et résultats		
prix et quantités		
siècles et millénaires		
distances et vitesses		

2 **A.** C'était mieux avant ? Ou c'était pire avant ? Écoute les opinions de ces 4 personnes et coche la bonne case.

09

l'école | **la mode** | **la science** | **la nourriture**

Pour la personne 1	**Pour la personne** 2	**Pour la personne** 3	**Pour la personne** 4
C'était mieux avant ☐	C'était mieux avant ☐	C'était mieux avant ☐	C'était mieux avant ☐
C'était pire avant ☐	C'était pire avant ☐	C'était pire avant ☐	C'était pire avant ☐

B. Choisis un seul des quatre sujets, donne ton avis et explique pourquoi.

Pour moi, l'école, c'était pire avant. C'est mieux maintenant, parce que tout le monde peut apprendre à lire et à écrire.

3 Retrouve les mots cachés dans le serpent de mots. Attention ! Certains mots sont au pluriel.

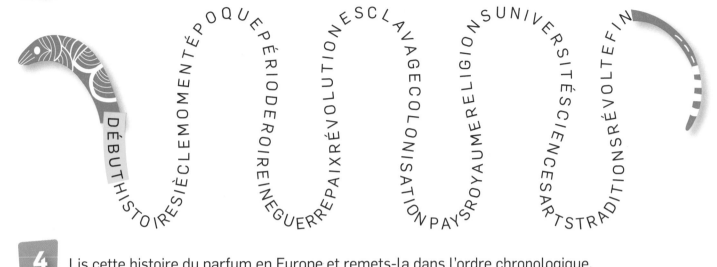

DÉBUTHISTOIRESIÈCLEMOMENTÉPOQUEPÉRIODEROIREINEGUERREPAIXRÉVOLUTIONESCLAVAGECOLONISATIONPAYSROYAUMERELIGIONSUNIVERSITÉSCIENCESARTSTRADITIONSRÉVOLTEFIN

4 Lis cette histoire du parfum en Europe et remets-la dans l'ordre chronologique.

www.lhistoireduparfum.aplus   RSS Q.

1  Dans l'Antiquité, les parfums ont déjà une grande importance. Les Grecs et les Égyptiens brûlent des plantes pour offrir leur fumée aux dieux. Sous forme d'huiles ou de pommades, les parfums servent aussi dans la médecine et, bien sûr, la séduction, pour les hommes comme pour les femmes.

Le parfum devient un art lié à l'industrie de la mode au début du XXᵉ siècle. Ernest Beaux crée le célèbre Chanel « N° 5 » en 1921. Les parfums portent des noms tendres, poétiques, drôles ou exotiques (« Trésor », « Eau sauvage », « Shalimar »...). Depuis les années 1950, le parfum est à la fois un produit de luxe et un produit très courant. Les parfumeurs vendent des millions de parfums chaque année dans le monde entier.

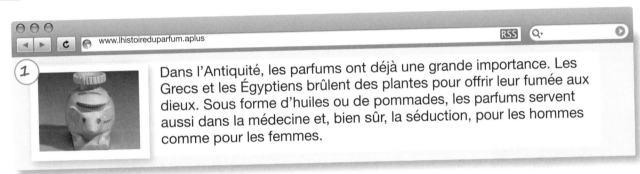 À la fin du Moyen Âge, les scientifiques ou voyageurs arabes et européens (Al-Kindi, Avicenne, Marco Polo...) font connaître de nouveaux parfums en Europe. À la Renaissance, en Italie, en Espagne et en France, on parfume surtout des objets (gants, écharpes, etc.) et de nouvelles plantes arrivent d'Amérique.

Le parfum devient une industrie au XIXᵉ siècle. Les découvertes scientifiques permettent de fabriquer de « fausses » odeurs, qui ressemblent aux odeurs de la nature. Elles sont vendues sous forme de sels, poudres, savons, sachets pour parfumer les armoires, ou de petites bouteilles. C'est le début de la parfumerie moderne.

Quand j'étais un personnage historique

Comme les jeunes de ce forum, imagine que, dans une vie passée, tu étais un personnage historique (qui tu veux). Raconte ce que tu faisais, comment tu vivais et comment vivaient les gens à ton époque.

www.quandjetais.leforum.aplus [RSS]

Quand j'étais...

Qui étais-tu dans une vie antérieure ? Imagine ta vie passée et raconte-la ici.

Quand j'étais Gandhi...

Quand j'étais Gandhi, l'Inde était une colonie anglaise. Je menais la révolte contre les Anglais pour libérer mon peuple. Mais je voulais la paix. Je voulais que les gens soient heureux. Je parlais et j'écoutais, je priais et je filais du coton tous les jours. Je ne mangeais pas beaucoup.

Quand j'étais Cléopâtre...

www.quandjetais.leforum.aplus

Quand j'étais...

Cette page est pour toi !

Colle, dessine,
écris... tout
ce que tu veux.

La pub est partout

1

Complète les mots croisés pour savoir où on trouve de la publicité, en général.

1. On **les** prend pour se déplacer.
2. On **le** lit pour connaître les nouvelles.
3. C'est l'autre nom d'Internet.
4. On **la** regarde pour voir des émissions, des matchs, des séries et des films.
5. On **l'**écoute mais on ne **la** regarde pas.
6. On **y** va pour voir des films.
7. On **les** voit dans les rues, dans les couloirs du métro et au bord des routes.
8. On **l'**utilise pour s'appeler et s'envoyer des messages.
9. On **le** lit pour ses articles et ses images, surtout ses photos.

```
1 [ ][ ][ ][ ][P][ ][ ][ ]
     2 [ ][ ][U][ ][ ][ ]
       3 [ ][B][ ]
     4 [ ][ ][L][ ][ ][ ][ ][ ][ ]
   5 [ ][ ][I][ ]
         6 [ ][C][ ][ ][ ]
   7 [ ][ ][I][ ][ ][ ][ ]
         8 [ ][T][ ][ ][ ][ ][ ]
 9 [ ][ ][ ][ ][ ][ ][E][ ][ ]
```

2

A. Écoute le dialogue et entoure le bracelet que la dame choisit pour sa nièce.

10

B. Écoute à nouveau le dialogue pour compléter sa version écrite.

Vendeuse : Bonjour Madame. Je peux vous aider ?

Cliente : Oui. Je cherche un cadeau pour ma nièce. C'est bientôt son anniversaire. Vous avez des bracelets ?

Vendeuse : Alors, comme bracelets, nous avons .... **(1)** qui sont en tissu et .... **(2)**, en perles. Quel âge a votre nièce ?

Cliente : Elle va avoir quinze ans. Je peux voir .... **(3)** ?

Vendeuse : Ceux en perles ? Oui, bien sûr ! Alors, je vous conseille .... **(4)** : le violet est très à la mode cette année. Sinon vous avez .... **(5)** qui va avec tout.

Cliente : Le noir ? C'est un peu triste, non ?

Vendeuse : Et sinon, nous avons .... **(6)**. Il est très léger, très facile à porter.

Cliente : Ah oui. J'aime beaucoup les couleurs. C'est très joli, ce bleu et ce rouge, avec l'orange. Allez, je prends .... **(7)**.

C. Et toi, quel bracelet choisirais-tu pour faire un cadeau ? Pourquoi ?

....

....

3 De quoi parle-t-on dans les bulles ? Associe une étiquette à chacune.

> Tu ne **l'**aimes pas, celle-là ?
> Moi, je **la** trouve sympa.

> Comment tu fais pour
> **les** connaître toutes ?
> Tu passes ta journée à
> regarder des pubs ou
> quoi ?

> Ah, tu **le** connais déjà ?
> Tu **l'**as déjà essayé ?

les marques

une publicité

un produit

4 **A.** Regarde ces images et entoure les publicités que tu vois.

B. Est-ce que tu peux les compter ?

- Photo 1 : ....
- Photo 2 : ....
- Photo 3 : ....

C. Choisis une de ces images et écris ce que tu en penses.

> Il y a beaucoup de publicités dans les transports. Je
> trouve ça nul.

1 **A.** Quelle partie du corps est associée à chaque sens ?

les yeux   le nez   la bouche   les oreilles   la peau

B. Associe les verbes et les noms dans les étiquettes au sens qui leur correspond.
Attention ! Un des verbes est utilisé pour deux sens différents.

regarder   voir   toucher   boire   bruit   parfum   douceur

goûter   respirer   écouter   épices   odeur   musique

caresser   manger   entendre   sentir   goût   lumière   couleur   chaleur

C. Écoute les phrases et associe chacune à un sens.

11

	l'ouïe	le toucher	la vue	l'odorat	le goût
1					
2					
3					
4					
5					

2 Parmi ces trois publicités, quelle est celle qui te plaît le plus ? Quelle est celle qui te plaît le moins ? À quelles actions, images ou sensations te font-elles penser ?

3 Parmi les cinq sens, lequel est le plus important pour toi ? Note trois sensations que tu associes à ce sens.

1. La caresse du soleil sur la peau.

4 Imagine une publicité pour le sens que tu as choisi. Trouve un slogan et une image (ou réalise une petite vidéo) pour le « vendre » à tes camarades.

No logo !

1 **A.** Regarde ces images et associe une phrase à chacune.

Il n'y a .... de paix dans le monde.

On consomme beaucoup ....

Est-ce qu'il y a .... d'amour dans le monde ?

B. À partir des images, complète les phrases par *trop*, *assez* ou *pas assez*.

2 **A.** Écoute les phrases et indique si les personnes qui parlent sont *pour* ou *contre* les publicités.

🔊
12

	POUR	CONTRE	NI POUR NI CONTRE
Personne 1			
Personne 2			
Personne 3			
Personne 4			
Personne 5			
Personne 6			

B. Et toi, es-tu pour la publicité ?
Contre la publicité ? Ni pour ni contre ?

....
....
....
....

3 Entoure l'intrus caché dans chaque liste.

interdit   obligé   interdiction   interdire   libération   obligatoire

liberté   libérer   autonome   libre   indépendance   obligation

4 **A.** Le slogan de ce graffiti est très célèbre en Europe francophone depuis 1968. Qu'est-ce qu'il veut dire ?

Vive la liberté ! ☐   Non à la liberté ! ☐

B. Est-ce qu'on peut interdire d'interdire ? C'est possible ?

....

C. Écris quelque chose que tu aimerais interdire (même si ce n'est pas possible) et dessine-la dans le panneau.

INTERDICTION DE ME RÉVEILLER LE MATIN !

5 **A.** Regarde cette photo : quelle expression rappelle l'affiche de l'image ?

libre comme un oiseau   libre comme l'air   libre comme le vent

B. Invente une expression commençant par « libre comme ».

– *libre comme la mer*

Exprime-toi !

Imagine que les publicités disparaissent des rues et des transports. Quel(s) message(s) et quelle(s) image(s) as-tu envie de voir, de lire, d'écrire ou de coller à leur place ?

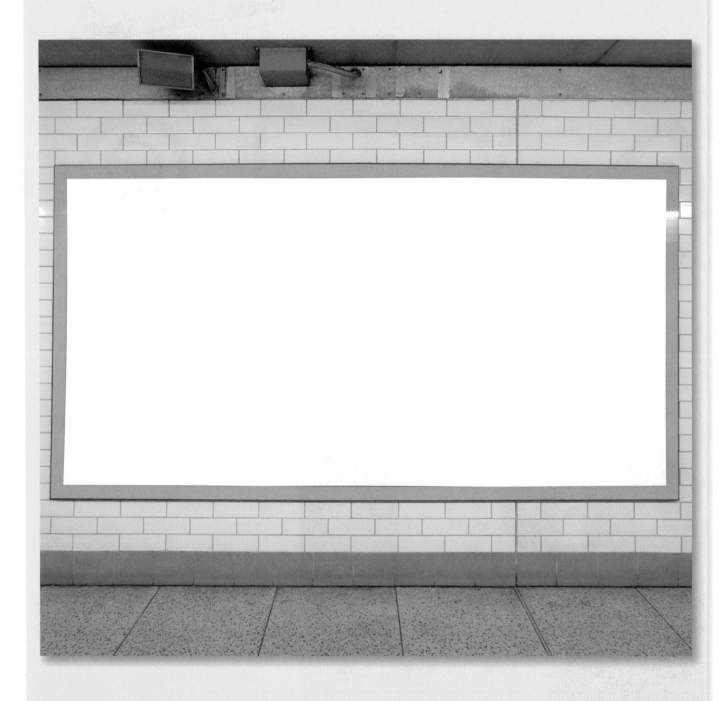

Cette page est pour toi !

Colle, dessine, écris... tout ce que tu veux.

Ça commence...

1 **A.** Lis l'histoire des sœurs jumelles et remet les photos dans l'ordre.

| Avant, les jumelles étaient séparées. | Un jour, elles se sont retrouvées. | Maintenant, elles ne se quittent plus. |

B. À partir des éléments suivants, raconte les quatre histoires en utilisant l'imparfait, le passé composé et le présent comme dans l'histoire des jumelles.

1. Melinda / se trouver trop grande / trouver un bonnet magique / pouvoir devenir invisible

....

....

2. Oscar / habiter dans une ville / rencontrer une princesse / vivre dans un château

....

....

3. Un fantôme / ne pas dormir / trouver un oreiller magique / dormir quand il veut

....

....

4. Angélique / ne pas avoir de mémoire / manger un livre / se souvenir de tout

....

....

2 À quelle image correspond chaque bulle ?

> Je suis en train de regarder un film. Il vient juste de commencer...

> Je viens de rentrer chez moi et je suis en train de lire une BD.

> Je viens de finir d'écrire l'histoire. Je suis en train de faire les illustrations.

3

A. Écoute la discussion et réponds aux questions.

13

1. Qui est le personnage de fiction préféré de Sylvain ?

☐ Amélie Poulain ☐ Princesse Mononoké

☐ Hermione Granger ☐ Mafalda

2. Pourquoi est-ce son personnage préféré ?

☐ Parce qu'elle est belle et intelligente. ☐ Parce qu'elle est drôle et gentille.

☐ Parce qu'elle a des pouvoirs magiques. ☐ Parce qu'elle est très courageuse.

B. Et toi, est-ce que tu as un personnage de fiction préféré ? Pourquoi ?

....

....

4

A. Invente un super-héros ou une super-héroïne. Choisis un super-pouvoir et une super-faiblesse pour ton personnage.

SUPER-POUVOIRS

☐ savoir voler
☐ ne pas avoir besoin de dormir
☐ lire dans les pensées
☐ avoir beaucoup de chance
☐ se souvenir de tout
☐ connaître toutes les langues
☐ être très très rapide
☐ rendre les autres amoureux
☐ ne jamais faire de bruit
☐ connaître l'avenir

SUPER-FAIBLESSES

☐ voler tout le temps, sans se poser
☐ ne pas pouvoir dormir
☐ ne pas écouter les autres
☐ ne jamais avoir de chance
☐ ne pas avoir de mémoire
☐ croire qu'il ou elle sait tout
☐ se croire le ou la plus rapide du monde
☐ ne pas pouvoir tomber amoureux
☐ ne pas pouvoir faire de bruit du tout
☐ ne penser qu'à l'avenir, jamais au présent

B. Trouve un nom pour ton personnage. Ensuite, dessine-le ou invente-lui une signature, une marque ou un symbole.

C. Maintenant, raconte le début d'une histoire avec ton personnage.

Mika se souvenait de tout, mais il ne tombait jamais amoureux...

Qu'est-ce qui se passe ?

1

A. Associe les étiquettes aux phrases.

| à moi | à toi | à lui | à elle | à nous | à vous | à eux | à elles |

1. Damiens t'a encore passé un super roman ?
2. Il a déjà parlé du film à Marina ?
3. Ils ont offert toute la série à Jad ?
4. Tu m'écriras le scénario ? C'est vrai ?
5. Non !?! Il a raconté la fin de l'histoire à tous ses amis ?
6. Moi, j'ai rien vu. Mais à Bérénice et toi, elle a montré sa BD ?
7. Je peux prêter la suite à mes sœurs ?
8. À Daniel et moi, il n'arrive jamais d'aventures.

B. Maintenant, associe les réponses de chaque question. Attention aux changements de pronom entre la question et la réponse !

a. Bien sûr ! Je vais te l'écrire, ton scénario.

b. Non, non, elle ne nous a rien montré. On va la voir tous ensemble.

c. Non, il ne lui a pas parlé du film.

d. C'est mieux s'il ne vous arrive rien. Les aventures, c'est pas toujours drôle.

e. Oui, il me passe toujours des romans super.

f. Oui, ils lui ont offert toute la série pour son anniversaire.

g. Oui, tu peux leur prêter la suite. Mais je croyais qu'elles l'avaient déjà lue.

h. Si, je te jure. Il leur a tout raconté.

2

A. À quoi fais-tu plus attention quand tu regardes un film, un dessin animé ou une série télévisée ? Quel est l'élément ou quels sont les éléments les plus importants pour toi ?

- [ ] le scénario
- [ ] les dialogues
- [ ] les personnages
- [ ] le jeu des acteurs et actrices
- [ ] la manière de filmer
- [ ] la musique
- [ ] l'ambiance, l'atmosphère
- [ ] autre chose : ....

B. Tu préfères les films avec du suspense ou sans suspense ?

....

....

3 Écoute ces enregistrements et associe chaque bruit à un morceau d'histoire.

14

| bruit 1 | bruit 2 | bruit 3 | bruit 4 | bruit 5 | bruit 6 |

Ça se passe au bord de la mer.

C'est arrivé pendant que j'étais en train d'écrire à Élise.

On était dans la cuisine ; on venait juste de finir de manger...

Tout est arrivé dans le métro.

Je dormais tranquillement, quand quelqu'un a sonné à la porte.

Ça s'est passé pendant le carnaval.

4 Zoé explique à Axel dans quel ordre ils vont mettre les bruitages de leur film.
Lis ses messages et remets-les dans le bon ordre.

Ensuite, on va mettre le tic-tac de l'horloge. ◯

Et enfin, la porte s'ouvre... ◯

En même temps que l'horloge, on entend battre le cœur. ◯

Je veux qu'on entende d'abord la pluie. ◯

Fin !

1 Voici des expressions pour commencer, continuer ou finir une histoire.
Classe-les dans le tableau.

Un peu plus tard...   C'est l'histoire de...   Pendant ce temps...   Ensuite...   FIN !

Il était une fois...   Tout a commencé...   Tout est bien qui finit bien.   À la fin...

Pour commencer une histoire	Pour continuer une histoire	Pour finir une histoire

2 Associe les verbes en vert aux verbes en jaune qui leur correspondent.

écrire   reprendre   manger   revoir   commencer   refaire

relire   faire   redonner   dire   revenir   lire   remanger   voir

donner   réécrire   venir   recommencer   prendre   redire

3 **A.** Complète la discussion entre Coralie et Pablo.

Coralie : Je ___ rends ton film demain.

Pablo : Tu as eu le temps de ___ voir ?

Coralie : Je ___ ai regardé hier. Il est trop bien !

Pablo : C'est cool s'il ___ a plu.

Coralie : La fin est vraiment géniale. Je ne ___ attendais pas du tout à ça.

Pablo : Ouais, c'est vrai qu'on ne ___ y attend pas du tout.

Coralie : Non, vraiment, c'est un super film. Merci de ___ ___ avoir passé.

 B. Écoute l'enregistrement de leur discussion pour vérifier ou corriger tes réponses.

15

4 Dans les histoires que tu connais (films, romans, BD, séries, etc.), trouve trois histoires qui finissent bien et trois histoires qui finissent mal. Écris leurs titres dans le carnet.

Fins heureuses :

-

-

-

Fins malheureuses :

-

-

-

5 Choisis une histoire qui finit mal et transforme-la en histoire qui finit bien. Tu peux t'aider des idées ci-dessous ou chercher d'autres idées.

Un héros ou une héroïne qui était mort(e) revient à la vie...

Un personnage remonte le temps pour empêcher un malheur d'arriver...

Un des personnages découvre qu'il ou elle a un super-pouvoir qui peut résoudre le problème...

Les héros ou héroïnes trouvent un objet magique pour les aider à changer la situation...

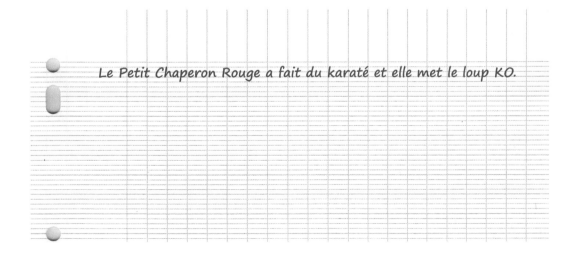

Le Petit Chaperon Rouge a fait du karaté et elle met le loup KO.

Raconte !

Invente une histoire ou raconte une histoire que tu aimes bien ou raconte une histoire en changeant la fin.

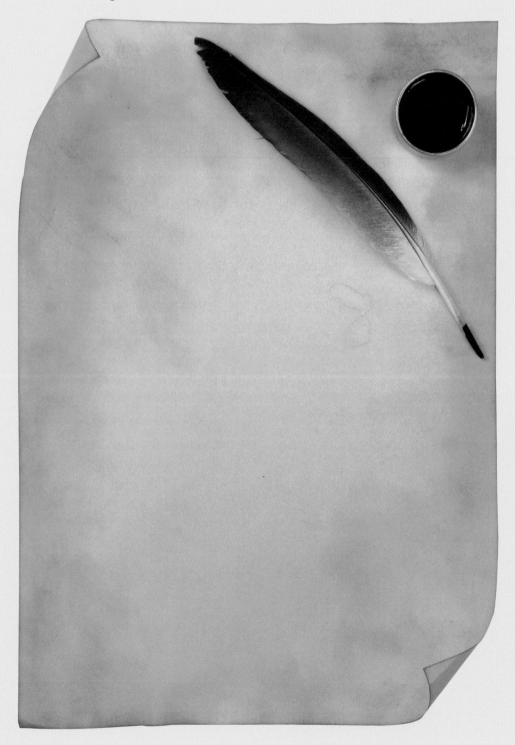

Cette page est pour toi !

Colle, dessine, écris... tout ce que tu veux.

Moi, je serai...

1 Complète l'horoscope en mettant les verbes entre parenthèses au futur simple.

HOROSCOPE DU JOUR

BÉLIER
21/03-20/04
Aujourd'hui, vous (avoir) _____ beaucoup de chance. Profitez-en !

TAUREAU
21/04-20/05
Vous (avoir) _____ une grande surprise en fin de journée.

GÉMEAUX
22/05-21/06
Vous (vivre) _____ de nouvelles aventures. Vous êtes prêt(e) ?

CANCER
22/06-22/07
Vous (prendre) _____ soin de vous et de ceux que vous aimez.

LION
23/07-22/08
Vous (trouver) _____ l'amour de votre vie en fin de matinée. Ne le laissez pas passer !

VIERGE
23/08-22/09
Vous (ne pas oublier) _____ de rire, surtout l'après-midi.

BALANCE
23/09-23/10
Vous (dormir) _____ très bien et (faire) _____ de jolis rêves.

SCORPION
24/10-22/11
Vous (être) _____ brillant(e) et même génial(e), mais juste l'après-midi.

SAGITTAIRE
23/11-21/12
Vous (manger) _____ de très bonnes choses à tous les repas. Bon appétit !

CAPRICORNE
22/12-20/01
Aujourd'hui, il (faire) _____ beau dans votre vie. Gardez le sourire !

POISSONS
19/02-20/03
Vous (faire) _____ la fête et (rencontrer) _____ de nouveaux amis.

VERSEAU
21/01-18/02
Vous (aider) _____ les autres et cela vous (faire) _____ du bien.

2 **A.** Écoute le voyant et coche les prédictions qu'il fait à Clara.

- ☐ *Elle deviendra cheffe d'entreprise.*
- ☐ *Elle fera des recherches scientifiques.*
- ☐ *Elle chassera les vampires.*
- ☐ *Elle vivra dans la montagne.*
- ☐ *Elle vivra dans un arbre.*
- ☐ *Elle vivra au bord de la mer.*
- ☐ *Elle rencontrera un fantôme.*
- ☐ *Elle écrira en trois langues.*

- ☐ *Elle se mariera trois fois.*
- ☐ *Elle ne se mariera jamais.*
- ☐ *Elle aura quatre enfants et un chat.*
- ☐ *Elle aura des éléphants dans son jardin.*
- ☐ *Elle sera souvent heureuse.*
- ☐ *Elle sera toujours malheureuse.*
- ☐ *Elle passera ses vacances sur la lune.*
- ☐ *Elle collectionnera les cerfs-volants.*

B. Parmi toutes les prédictions de la liste, à ton avis, lesquelles sont impossibles pour un être humain ? Souligne-les dans la liste.

3

A. Quels sont les métiers que tu voudras faire plus tard ?

....

B. Quels sont les métiers que tu ne voudras **jamais** faire ? Barre-les dans la liste. Y a-t-il d'autres métiers que tu ne voudras jamais faire ? Si oui, complète la liste.

- astronaute
- acteur / actrice
- blogueur / blogueuse
- bruiteur / bruiteuse
- cascadeur / cascadeuse
- cuisinier / cuisinière
- chanteur / chanteuse
- clown
- cow-boy / cow-girl
- danseur / danseuse
- dessinateur / dessinatrice
- entraîneur / entraîneuse de sport
- infirmier / infirmière
- informaticien / informaticienne
- journaliste ou reporter
- mathématicien / mathématicienne
- médecin
- musicien / musicienne
- parfumeur / parfumeuse

- pâtissier / pâtissière
- peintre
- pilote
- pirate
- professeur / professeure
- publicitaire
- roi / reine
- romancier / romancière
- samouraï
- scénariste
- scientifique
- serveur / serveuse
- sportif / sportive
- traducteur / traductrice
- vendeur / vendeuse de ....
- vétérinaire
- ....
- ....

4

Comment vois-tu ton avenir ? Imagine ta vie dans dix ou vingt ans : le lieu où tu vivras, ton travail, ta famille, tes loisirs, ton look, etc.

....

....

....

....

....

C'est déjà demain

1 Complète les réponses en utilisant *ni... ni*.

1. — Dans les villes et les villages intelligents du futur, on se déplacera en voiture et à moto ?
   — Non, *il n'y aura plus ni voitures ni motos.*
   On se déplacera à vélo et en tramway.

2. — Il y aura des usines et des hypermarchés ?
   — Non, ...
   Il y aura des petits magasins et des artisans qui vendront leurs produits sur Internet.

3. — Les gens vivront dans des gratte-ciels ou dans des tours ?
   — Non, ...
   Ils vivront dans des petites maisons et des immeubles verts.

4. — Il y aura encore des déchets et de la pollution ?
   — Non, ...
   On recyclera tout et on n'utilisera que des énergies naturelles.

2 **A.** Associe chaque thème à une image.

nourriture   loisirs   information   santé   transports   architecture

 B. Écoute l'interview de cette futurologue et coche les bonnes réponses.

1. La futurologue parle de la nourriture du futur.   ⃝ VRAI / ⃝ FAUX / ⃝ ON NE SAIT PAS

2. Dans trente ans, on mangera plus de viande.   ⃝ VRAI / ⃝ FAUX / ⃝ ON NE SAIT PAS

3. On mangera plus de légumes et de céréales.   ⃝ VRAI / ⃝ FAUX / ⃝ ON NE SAIT PAS

4. Il n'y aura plus aucun gaspillage.   ⃝ VRAI / ⃝ FAUX / ⃝ ON NE SAIT PAS

5. On peut déjà imprimer des pizzas.   ⃝ VRAI / ⃝ FAUX / ⃝ ON NE SAIT PAS

6. Il y aura assez à manger pour tous les humains.   ⃝ VRAI / ⃝ FAUX / ⃝ ON NE SAIT PAS

3 Remplace les passages soulignés par un pronom possessif.

| le mien | la mienne | la tienne | le sien | la nôtre | le vôtre | la leur |

1. J'aime bien ton projet de jardin, mais <u>son projet</u> est plus original.

2. Sur le toit de la maison d'Antoine, il y a des légumes. Et sur celui de <u>ma maison,</u> il y a des fleurs.

3. Votre ville est grande, c'est vrai, mais <u>notre ville</u> est intelligente.

4. Son idée de ferme verticale me donne faim et <u>ton idée</u> me donne de l'espoir.

5. Son village est très connecté. <u>Mon village</u>, pas vraiment, non.

6. Non, ce n'était pas ma ferme : c'était <u>leur ferme à eux</u>.

7. Et ce joli jardin là-bas, c'est <u>votre jardin</u> ?

4 **A.** Associe chaque invention à un dessin.

| la machine à remonter le temps | la machine à fabriquer les rêves |
| la machine à apprendre les langues | la machine à garder l'espoir |

B. Laquelle de ces quatre inventions préfères-tu ? Pourquoi ?

1 Entoure les mots que tu connais déjà dans les étoiles. Est-ce que tu les connais tous ?

Science-fiction · Volcan · Préparer · Température · Intelligent · Jardin · Ville · Animal · Ressources · Agriculture · Bonheur · Enfants · Plantes · Mélange · Évolution · Projet · Nature · Découvrir · Eau · Futur · Invention · Arbres · Capable · Humain · Mariage · Océan · Espace · Machine · Montagne · Campagne · Appartement · Village · Avenir · Logement · Paysage · Monde · Professionnel · Sûr · Pollution · Déchets · Univers · Améliorer

Famille · Lac · Maison · Métier · Fruits · Tourner · Distance · Astronome · Climat · Espoir · Rivière · Légumes · Protéger · Kilomètres · Ferme · Chances · Prédiction · Temps · Céréales · Réaliser · Population · Recyclage · Développement · Progresser · Immeuble · Architecture · Transports · Disparaître · Inégalités · Étoile · Gaspiller · Juste · Planète · Ensemble · Énergie · Demain · Injuste · Années-lumière · Option · Droits · Robot

2 Continue la ronde des phrases en t'aidant des prédictions présentées dans le manuel.

> Si on continue à polluer la planète, le climat se réchauffera encore plus.
>
> Si le climat se réchauffe encore plus, ...
>
> Si..
>
> Si..

3 Pour chaque adverbe ou pronom négatif (en vert), trouve un, deux ou trois adverbes ou pronoms positifs (en jaune).

| personne | plus | rien | nulle part | jamais |

| tout | partout | déjà | tout le temps | quelque chose |

| quelque part | toujours | tout le monde | quelqu'un | encore |

4 Un guide extraterrestre fait visiter sa planète et la compare avec la planète voisine. Écoute sa présentation et réponds aux questions.

18

1. Quelle est la planète de l'extraterrestre ?

☐ Technicolor ☐ Yin-Yang ☐ Arc-en-Ciel

2. Dans quelle zone est-il à ce moment de la visite ?

☐ la zone verte ☐ la zone bleue ☐ la zone rouge

3. Comment s'appelle la planète voisine ?

☐ Technicolor ☐ Yin-Yang ☐ Arc-en-Ciel

4. Où les habitants de Yin-Yang passent-ils leurs vacances ?

....

5 Si tu peux choisir ta planète, sur quelle planète réelle ou imaginaire iras-tu vivre ? Décris-la et explique comment tu vivras là-bas.

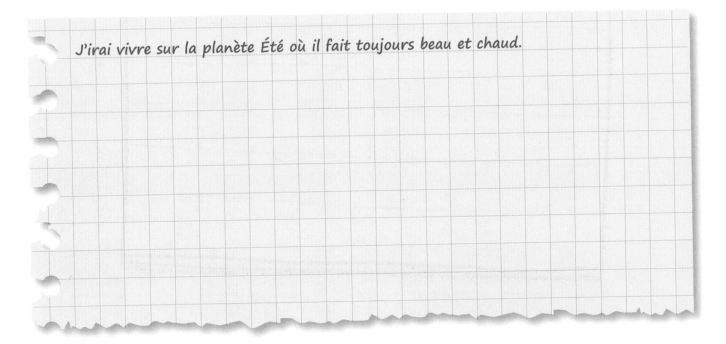

J'irai vivre sur la planète Été où il fait toujours beau et chaud.

Quand vous viendrez sur Terre...

Tu écris à des extraterrestres pour les convaincre de venir visiter la Terre. Ton message sera envoyé dans l'espace dans une capsule spéciale (les extraterrestres n'ont pas de mails). En utilisant les temps du futur, écris-leur tout ce qu'ils trouveront et tout ce que vous pourrez faire ensemble s'ils viennent te voir.

MON PORTFOLIO

1 Les langues de mon univers

Quelles sont les langues que tu utilises ou que les gens utilisent autour de toi ?

dans ma famille

parmi mes amis

dans la rue

sur Internet

ailleurs...

2

A. Parmi toutes les langues du monde, quelle(s) langue(s) n'as-tu pas envie d'apprendre ?

B. Quelle(s) langue(s) as-tu envie d'apprendre ?

1

A. Dans les différentes langues que tu connais, quels sont tes expressions ou tes mots préférés ? Note-les ici et cherche une image ou un dessin pour chacun(e).

La vache !

B. Est-ce que ces mots ou expressions ont des traductions dans les autres langues que tu connais ? Fais des recherches pour vérifier si besoin et écris les traductions.

2

A. Recopie tes mots et expressions sur des cartes et colle ou dessine les images. Ensuite, échange-les avec des camarades.

- *Je t'échange « La vache ! » contre « sourire ».*

B. À quoi ressemble ta collection après ces échanges ? Quelles langues, quels mots et quelles expressions y trouve-t-on ?

1 Les écritures du monde

A. Connais-tu ces écritures présentes (avec beaucoup d'autres) sur le mur des « Je t'aime »
à Paris ? Fais des recherches et retrouve le nom de chacune.

- alphabet arabe
- écriture chinoise
- alphabet cyrillique
- écriture éthiopienne
- langue des signes
- hiéroglyphes
- devanagari
- alphabet latin

B. Cherche trois autres écritures que tu connais ou dont tu as entendu parler. Colle ou
reproduis un exemple de chaque écriture dans les étiquettes.

C. Dans quel sens s'écrivent-elles ? Marque le(s) sens de chaque écriture par une flèche.

2 Avec quel(s) système(s) d'écriture s'écrivent les langues que tu connais ?

3 Quelles écritures aimerais-tu savoir lire et écrire ?

1 Choisis trois langues parmi toutes les langues du monde. Associe une image et deux ou trois sensations à chacune : odeur, couleur, goût, bruit / son, sensation tactile (chaleur, frisson, picotement, etc.).

Le basque, pour moi,

c'est :

– le bruit de la mer,

– l'odeur du chocolat,

– la caresse du vent.

2 **A.** Parmi toutes les langues du monde, pour toi, quelle est...

- la langue la plus douce ? ....
- la langue la plus musicale ? ....
- la langue la plus drôle ? ....
- la langue la plus belle ? ....
- la langue la plus parfumée ? ....
- la langue la plus légère ? ....
- la langue la plus mystérieuse ? ....

B. Compare tes réponses à celles de tes camarades et faites un « top » des langues les plus douces, les plus musicales, etc.

1 ## Apprendre des langues, pour quoi faire ?

A. Coche tes raisons pour apprendre des langues et complète la liste si tu as d'autres raisons.

POURQUOI APPRENDRE DES LANGUES ?

- [ ] pour voyager
- [ ] pour réussir mes examens
- [ ] pour connaître plus de cultures
- [ ] pour lire des livres (des BD aussi) en version originale
- [ ] pour regarder des films, des séries ou des vidéos en version originale
- [ ] pour jouer à des jeux vidéo
- [ ] pour suivre des compétitions de sport
- [ ] pour comprendre des chansons
- [ ] pour avoir une autre vision du monde
- [ ] pour tomber amoureux/amoureuse en d'autres langues
- [ ] pour avoir des amis du monde entier

- [ ] pour apprendre de nouvelles choses
- [ ] pour des raisons religieuses
- [ ] pour mieux comprendre les langues que je connais déjà
- [ ] pour faire plaisir à mes parents
- [ ] pour étudier dans d'autres pays
- [ ] pour travailler dans d'autres langues
- [ ] pour le challenge, pour savoir de quoi je suis capable
- [ ] _____
- [ ] _____
- [ ] _____

B. Est-ce que tu as des raisons de ne pas apprendre des langues ?
Si oui, remplis aussi ce questionnaire.

POURQUOI NE PAS APPRENDRE DES LANGUES ?

- [ ] parce que ça me fait peur
- [ ] parce que ça prend du temps
- [ ] parce que ça ne sert à rien
- [ ] _____
- [ ] _____

1 Quel plurilingue es-tu ?

1

Pour moi, les langues sont...

- [ ] des outils, des instruments
- [ ] des gens, des rencontres
- [ ] de la logique, des systèmes
- [ ] des musiques, des couleurs

2

Apprendre une langue, c'est...

- [ ] un voyage
- [ ] un challenge
- [ ] un investissement
- [ ] une histoire d'amour

3

Apprendre une langue permet surtout de...

- [ ] s'améliorer tous les jours
- [ ] trouver ce qu'on cherche
- [ ] avoir de nouveaux amis
- [ ] créer et sentir différemment

4

Le meilleur moyen d'apprendre une langue, c'est...

- [ ] de faire beaucoup d'exercices
- [ ] de communiquer tout le temps
- [ ] de lire et de regarder des films
- [ ] d'être obligé

5

Mon rêve, dans une langue étrangère, ce serait de...

- [ ] communiquer sans problème
- [ ] comprendre la poésie, les chansons
- [ ] avoir un excellent niveau
- [ ] comprendre l'humour

6

Le plus important, dans une langue, c'est...

- [ ] les formules et la politesse
- [ ] le lexique
- [ ] les images, les expressions
- [ ] la grammaire

7

Une grande expérience : la première fois...

- [ ] que j'ai demandé mon chemin
- [ ] que j'ai rêvé dans cette langue
- [ ] que j'ai réussi un examen
- [ ] que j'ai parlé hors de la classe

8

Le pire, c'est...

- [ ] d'oublier une langue
- [ ] d'avoir peur de faire des fautes
- [ ] de ne pas atteindre son objectif
- [ ] de ne plus progresser

9

Connaître plein de langues...

- [ ] ça rend plus intelligent
- [ ] ça rend plus créatif
- [ ] ça aide à comprendre les autres
- [ ] c'est très utile

10

Quel est, pour toi, le symbole du plurilinguisme ?

- [ ] Internet
- [ ] la tour de Babel
- [ ] le mur des « Je t'aime »
- [ ] nous tous, les êtres humains

Si tu as plus de ☐

Tu es un(e) plurilingue pratique. Pour toi, les langues sont utiles avant tout. Elles servent pour étudier, travailler et réussir des choses concrètes.

Si tu as plus de ☐

Tu es un(e) plurilingue sensible. Pour toi, les langues servent d'abord à rêver, à créer : jouer avec les mots, comparer les images et découvrir des mondes différents.

Si tu as plus de ☐

Pour toi, les langues sont des jeux de logique ou de stratégie, des défis à relever. Ce qui t'intéresse le plus, c'est d'apprendre et de passer les niveaux, comme dans un jeu vidéo.

Si tu as plus de ☐

Tu es un(e) plurilingue sociable. Ce qui t'importe le plus, c'est de communiquer. Les langues te plaisent pour l'amour et l'amitié qu'elles t'apportent.

1 Compréhension orale

Réponds aux questions en cochant (X) la bonne réponse ou en écrivant l'information demandée.

Exercice 1
19

1. De quelle conversation s'agit-il ?

☐ un micro-trottoir   ☐ un débat politique   ☐ une discussion entre voisins

2. La personne interviewée est...

☐ un enfant   ☐ un adolescent   ☐ un adulte

3. Quel est son sens préféré ? ....

Exercice 2
20

1. Où va vivre Anatole ?

☐ À Marseille   ☐ À La Rochelle   ☐ À Bruxelles

2. C'est une ville

☐ plus grande que Nantes   ☐ moins grande que Nantes   ☐ aussi grande que Nantes

3. Est-ce que Shaïma ira voir Anatole ?

☐ C'est sûr !   ☐ Non, jamais   ☐ C'est possible.

Exercice 3
21

1. Le document sonore est...

☐ une publicité   ☐ un dialogue de film   ☐ une interview

2. La personne interviewée est...

☐ romancière   ☐ jardinière   ☐ pilote

3. Qu'est-ce qu'elle a déjà écrit ?

☐ des bandes dessinées   ☐ des scénarios de films

☐ des sites Internet   ☐ des romans

☐ des articles   ☐ des slogans publicitaires

4. Qu'est-ce qu'elle voulait faire quand elle était enfant ? ....

2 Compréhension écrite

Exercice 1. Observe ces photos et classe-les dans le tableau.

CHANTIER
INTERDIT
AU PUBLIC

Une eau plus fraîche
pour plus de souffle.

VOIRIE - VILLE PROPRE

Merci pour une Genève propre!

La vie est Belle !

	photo nº
Jetez vos déchets dans la poubelle.	
Venez voir nos spectacles.	
N'entrez pas si vous ne travaillez pas ici.	
Achetez une machine à refroidir l'eau.	
C'est beau, la vie !	

Exercice 2.
Lis cette annonce et réponds aux questions.

1. Ce texte s'adresse à :
   - ☐ des professeurs
   - ☐ des scientifiques
   - ☐ des élèves du collège

2. Il s'agit d'un concours de :
   - ☐ robots
   - ☐ vidéos
   - ☐ tablettes

3. Qui participe à ce concours ?
   - ☐ des personnes seules
   - ☐ des classes
   - ☐ des associations

4. Les gagnants recevront :
   - ☐ des robots
   - ☐ des vidéos
   - ☐ des tablettes

CONCOURS DE ROBOTS !

Tu es collégien ? Participe avec ta classe au 5ᵉ concours de robots du magazine Mag-Sciences !
Dessinez et fabriquez un robot en cours de technologie, avec l'aide du site **www.fabriqueunrobot.net**.
Envoyez ensuite une vidéo de votre robot à **concoursderobots@ magsciences.fr**. Les meilleurs robots seront présentés lors de la finale, au Salon de la Robotique à Grenoble, les 28 et 29 avril.
Les classes gagnantes recevront des tablettes numériques, des jeux vidéo, des entrées au Salon de la Robotique et plein d'autres prix.
Parles-en à ton professeur de technologie !
Et que le meilleur robot gagne !

3 Expression écrite

Exercice 1. Participe au forum « Quand j'avais... » en expliquant ce que tu faisais à différents âges.

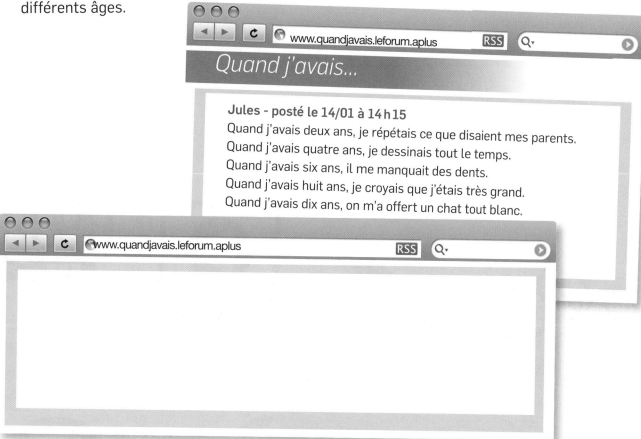

Quand j'avais...

Jules - posté le 14/01 à 14h15
Quand j'avais deux ans, je répétais ce que disaient mes parents.
Quand j'avais quatre ans, je dessinais tout le temps.
Quand j'avais six ans, il me manquait des dents.
Quand j'avais huit ans, je croyais que j'étais très grand.
Quand j'avais dix ans, on m'a offert un chat tout blanc.

Exercice 2. Tu as participé à un concours et tu as gagné un voyage sur la Lune. Écris aux organisateurs du concours pour les remercier mais refuser le voyage, en expliquant pourquoi tu ne veux pas ou tu ne peux pas aller sur la Lune.

4 Expression orale

Exercice 1 : Entretien dirigé

Dans les épreuves du DELF, on te demandera de te présenter. Présente-toi en parlant de ta famille, de tes loisirs, de tes goûts, etc. Ensuite, on te posera des questions. Entraîne-toi avec tes camarades !

Exercice 2 : Monologue suivi

On te demandera aussi de faire un monologue sur un sujet qui te concerne, puis on te posera des questions. Voici trois exemples de sujets. Entraîne-toi avec tes camarades !

1. Tu préfères le vélo ou le skate ? Pourquoi ?

2. Tu préfères aller au cinéma ou regarder une vidéo ? Pourquoi ?

3. Tu préfères écouter de la musique ou jouer d'un instrument ? Pourquoi ?

Exercice 3 : Exercice en interaction

À deux, choisissez un des sujets suivants, préparez et jouez votre dialogue.

Tu poses des questions à un adulte sur sa vie passée : comment était cette personne, qu'est-ce qu'elle faisait ou ne faisait pas, ses goûts d'avant et de maintenant.
Sujet 1

Tu proposes à un ami ou une amie de faire un voyage en vélo. Choisissez une destination et imaginez votre futur voyage.
Sujet 2

Transcriptions

Unité 1 : Connexions

Piste 1 - Leçon 1. Activité 3

- **Mathias :** Salut Linda ! Ah tiens, tu lis des ebooks, maintenant. C'est fini les livres imprimés ?
- **Linda :** Ben, tu sais quoi, j'aime bien. C'est très léger. Quand je vais en week-end chez mon père, j'ai pas besoin de prendre plein de livres. Ils sont tous là-dedans. Je peux télécharger des livres en plein de langues différentes. Et tu peux les acheter tout de suite. Ça va très vite ! Tu as déjà essayé ?
- **Mathias :** Oui, mon frère a une liseuse aussi. Mais j'aime pas trop, je trouve qu'il y a moins de plaisir qu'avec le livre imprimé. Un livre imprimé, c'est plus agréable à lire et ça sent bon le papier. Ça ne tombe pas en panne. Ça a toujours de la batterie : pas besoin de le recharger. Et puis tu peux prêter un livre que tu as aimé. Moi, j'aime bien prêter les livres.

Piste 2 - Leçon 2. Activité 3

1. Tous les élèves vont au cinéma, même Hugo ?
2. Tu peux utiliser Internet à la bibliothèque. Ils ont de bons ordinateurs.
3. Bien sûr ! Même ma grand-mère a une tablette.
4. On va consulter des forums ?
5. Il y a tout sur Internet, même des cours pour apprendre à vivre sans Internet.
6. Tu ne regardes aucune vidéo en ligne ?
7. Certaines tablettes font un peu mal aux yeux.
8. Je n'éteins pas mon téléphone, sauf pour dormir, quand je suis en cours et au cinéma.

Piste 3 - Leçon 3. Activité 3

1. Bof... C'est pas génial.
2. Ouais, c'est sympa.
3. Je trouve ça nul.
4. Je trouve ça génial !
5. Oui ! C'est formidable !
6. Je pense que c'est horrible !
7. Je pense que c'est super.
8. C'est pas super bien.
9. Pour moi, c'est parfait !

Unité 2 : Toute la vie

Piste 4 - Leçon 1. Activité 3

- **Journaliste :** Pourquoi avez-vous choisi le métier d'infirmier ?
- **Olivier Martinez :** J'ai toujours voulu aider les autres, depuis l'enfance. Et, pour moi, travailler dans la santé, c'est la meilleure façon d'aider les gens.
- **Journaliste :** Comment avez-vous commencé à travailler ?
- **Olivier Martinez :** J'ai fait des études d'infirmerie et j'ai terminé à vingt-deux ans. J'ai d'abord travaillé dans une association au Togo. J'ai passé dix ans à Lomé, la capitale.
- **Journaliste :** Qu'est-ce que vous avez appris avec cette expérience ?
- **Olivier Martinez :** J'ai appris à travailler en équipe, avec les médecins, avec les autres infirmiers. J'ai eu la chance de connaître des gens très bien. Les patients aussi m'ont beaucoup appris, avec leur générosité, leur énergie. J'ai adoré ces dix années au Togo.
- **Journaliste :** Est-ce que vous avez eu des expériences difficiles ?
- **Olivier Martinez :** Oui. Le retour en France a été difficile. J'ai été très heureux au Togo... J'ai eu du mal à revenir, à me réadapter à la France. Pourtant j'ai grandi ici... Enfin, j'ai trouvé du travail comme infirmier dans un collège à Nantes. Et, il y a deux ans, j'ai déménagé à Toulouse, pour vivre avec ma femme. Elle est enseignante ici aussi, dans ce collège.
- **Journaliste :** Vous aimez votre métier ?
- **Olivier Martinez :** Oui ! J'adore travailler avec les jeunes ! Ils me racontent leurs problèmes de santé, mais aussi leurs histoires personnelles. Ils n'ont pas toujours la vie facile. Je les trouve très courageux. Et en plus, ils sont sympas !

Piste 5 - Leçon 2. Activité 3

- **Journaliste :** Bonjour ! Est-ce que vous avez déjà réalisé un rêve ?
- **Personne 1 :** Un rêve ? ... Non, jamais. Mais je rêve de faire le tour du monde en vélo et j'espère bien le faire un jour.
- **Journaliste :** Et vous ?
- **Personne 2 :** Oui, petite, je rêvais d'aller en Chine et d'apprendre le chinois. Et je l'ai fait. Maintenant je parle le chinois mandarin. Je suis très contente !
- **Personne 3 :** Moi, j'ai réalisé un rêve, mais c(e n)'était pas génial.
- **Journaliste :** Qu'est-ce que vous avez fait ?
- **Personne 3 :** J'ai rencontré mon chanteur préféré. Mais il (n') est pas sympa du tout. Donc ça (ne) s'est pas très bien passé en fait.
- **Journaliste :** Et vous ? Vous avez déjà réalisé un rêve ?
- **Personne 4 :** Non, pas encore. Mais j'ai des rêves, oui. J'en ai beaucoup !
- **Journaliste :** Par exemple ?
- **Personne 4 :** Par exemple... euh... Sauter en parachute. Faire une fête avec tous les gens que j'aime. Je (ne) l'ai jamais fait. Je n'ai jamais dormi dans un musée non plus.
- **Journaliste :** Non, mais c(e n)'est pas un rêve ça !
- **Personne 4 :** Si ! Pourquoi pas ? Si on choisit un beau musée, on peut faire de très beaux rêves.

Piste 6 - Leçon 3. Activité 3

- **Manon :** Qu'est-ce que tu fais ce week-end ?
- **Évan :** Je vais au Salon des Collectionneurs.
- **Manon :** Ah ouais ? Qu'est-ce que tu collectionnes ?
- **Évan :** Les BD. J'ai plein de BD, j'adore ça. Et puis les billes, les cailloux... les clés.
- **Manon :** Non ?

○ **Évan :** Si ! C'est trop beau, les clés. Et les badges aussi, les badges des différents pays du monde...

● **Manon :** Tu collectionnes tout, en fait.

○ **Évan :** Euh, ouais. On peut dire ça comme ça, ouais. Tu (ne) collectionnes rien, toi ?

● **Manon :** Non. Rien. Je ne suis pas très collectionneuse.

Unité 3 : Remonter le temps

Piste 7 - Leçon 1. Activité 2

Joël : Quand j'étais petit, je regardais beaucoup la télé. J'adorais les films, les séries, les dessins animés. Aujourd'hui, je ne regarde plus la télé, mais je vais au cinéma toutes les semaines, et je regarde beaucoup de films en ligne. Ah oui, et aussi, petit, je lisais tous les magazines que je pouvais. J(e) les lisais chez mes grands-parents surtout. Je voulais tout savoir sur les acteurs, les actrices, les festivals... Et aujourd'hui, j'ai un blog de cinéma. Je n'écris pas sur les stars, ça ne m'intéresse plus, mais je parle des films, oui. C'est toujours ma passion.

Piste 8 - Leçon 2. Activité 1

● **Arnaud :** Tu sais, quand j'avais ton âge, on n'avait pas Internet à la maison.

○ **Chloé :** C'est vrai ça. Vous faisiez comment ?

● **Arnaud :** Ben, avec mes copains, quand on se donnait rendez-vous, on ne pouvait pas arriver en retard, parce qu'on n'avait pas de portables. On avait seulement des téléphones fixes. Alors, avec mes copains, on se retrouvait toujours au même endroit, dans un parc près de chez moi. Comme ça, on était sûrs de se retrouver.

○ **Chloé :** Oui, bon, avec mes copains aussi on se voit toujours au même endroit. C'était pas très différent.

● **Arnaud :** Oui, mais, quand on voulait sortir avec des filles, on leur écrivait des lettres. C'était plus romantique, non ?

○ **Chloé :** Tu sortais avec des filles, toi ? Tu (ne) m'as jamais raconté ! T'avais des amoureuses ?

● **Arnaud :** Au collège, j'en ai eu qu'une. Alice, elle s'appelait. Elle était très belle et elle écrivait des lettres magnifiques. Elle dessinait aussi.

○ **Chloé :** Et vous êtes sortis ensemble longtemps ?

● **Arnaud :** Juste six mois. J'étais très amoureux... Pas autant que de ta mère mais, ça, c'est une autre histoire.

Piste 9 - Leçon 3. Activité 2

1. L'école était beaucoup mieux avant ! Il y avait moins d'élèves et on apprenait plus de choses.

2. La mode était horrible à cette époque ! Heureusement que j(e) vis dans le monde d'aujourd'hui.

3. La science est mieux aujourd'hui, parce qu'on a plus de moyens techniques et technologiques.

4. Je crois, oui, que la nourriture était meilleure avant. C'était plus naturel et les aliments avaient plus de goût.

Unité 4 : Après la pub

Piste 10 - Leçon 1. Activité 2

● **Vendeuse :** Bonjour Madame. Je peux vous aider ?

○ **Cliente :** Oui. Je cherche un cadeau pour ma nièce. C'est bientôt son anniversaire. Vous avez des bracelets ?

● **Vendeuse :** Alors, comme bracelets, nous avons ceux-là qui sont en tissu et ceux-ci, en perles. Quel âge a votre nièce ?

○ **Cliente :** Elle va avoir quinze ans. Je peux voir ceux-là ?

● **Vendeuse :** Ceux en perles ? Oui, bien sûr ! Alors, je vous conseille celui-là. Le violet est très à la mode cette année. Sinon vous avez celui-ci qui va avec tout.

○ **Cliente :** Le noir ? C'est un peu triste, non ?

● **Vendeuse :** Et sinon, nous avons celui-là. Il est très léger, très facile à porter.

○ **Cliente :** Ah oui. J'aime beaucoup les couleurs. C'est très joli, ce bleu et ce rouge, avec l'orange. Allez, je prends celui-là.

Piste 11 - Leçon 2. Activité 1

1. Ça sent trop bon !

2. C'est délicieux.

3. C'est tout chaud.

4. Regarde comme c'est beau !

5. Ah, ça fait du bien, un peu de silence.

Piste 12 - Leçon 3. Activité 2

1. La publicité veut nous faire consommer plus, toujours plus. Mais on n'a pas besoin d'acheter tout ça pour être heureux.

2. C'est sympa les pubs, il y a toujours plein d'idées nouvelles. Et certaines sont très jolies.

3. Les pubs nous vendent des mensonges, une vie de rêve, une vie parfaite avec des gens parfaits. Mais c(e n)'est pas vrai ! C'est pas comme ça la vie.

4. Moi, j'adore les pubs ! Ça me fait rêver... Je les regarde et j'ai même une collection de pubs.

5. J'en ai marre des pubs avant les films, pendant les films, après les films ! Je veux regarder mon film tranquille.

6. Moi, ça m'est égal. Ça m'est complètement égal. Avec des pubs ou sans pubs, c'est pareil. Je ne fais pas attention.

Unité 5 : Suspense...

Piste 13 - Leçon 1. Activité 3

● **Romy :** Et toi Sylvain, c'est qui ton personnage préféré ?

○ **Sylvain :** Mon personnage de fiction préféré ? Euh... Je crois que c'est Princesse Mononoké.

● **Romy :** Celle du dessin animé de Miyazaki ?

○ **Sylvain :** Oui, c'est mon dessin animé préféré. Et elle, elle est incroyable. Elle vit dans la nature avec les loups, elle se bat pour les défendre. Elle est super courageuse. J'adore ce personnage !

Piste 14 - Leçon 2. Activité 3

1. Timbre de sonnette.

2. Grattement de stylo.

3. Ambiance de métro.

4. Bruits d'assiettes qu'on débarrasse.

5. Ambiance festive.

6. Bruit des vagues.

Piste 15 - Leçon 3. Activité 3

- **Coralie :** Je te rends ton film demain.
- ○ **Pablo :** Tu as eu le temps de le voir ?
- **Coralie :** Je l'ai regardé hier. Il est trop bien !
- ○ **Pablo :** C'est cool s'il t'a plu.
- **Coralie :** La fin est vraiment géniale ! Je ne m'attendais pas du tout à ça.
- ○ **Pablo :** Ouais, c'est vrai qu'on ne s'y attend pas du tout.
- **Coralie :** Non, vraiment, c'est un super film ! Merci de me l'avoir passé.

Unité 6 : À demain !

Piste 16 - Leçon 1. Activité 2

- **Voyant :** Alors, je vois... je vois... Vous serez une femme brillante. Vous ferez de longues études et vous deviendrez une grande scientifique. Vous habiterez dans une ville au bord de la mer. Vous voyagerez beaucoup, vous écrirez des articles en trois langues et vous donnerez des cours à l'université. Pourquoi vous riez ?
- ○ **Clara :** Parce que je déteste les cours... Je suis nulle, en fait. Je (ne) peux pas imaginer que je serai prof un jour.
- **Voyant :** Vous changerez, vous verrez. Dans la vie, tout peut changer et tout change tout le temps. D'ailleurs, vous changerez trois fois de maris. Et c'est le dernier qui sera le meilleur mari.
- ○ **Clara :** Mais... est-ce que je serai heureuse ?
- **Voyant :** Ça dépendra des moments. Il y aura des moments difficiles. Il y en a toujours, dans la vie. Mais vous serez souvent heureuse et, quand vous serez triste, vous irez voir la mer.

Piste 17 - Leçon 2. Activité 2

- **Journaliste :** Comment mangerons-nous dans trente ans ? Qu'y aura-t-il dans nos assiettes demain ? La futurologue Leïla Marquet a répondu à nos questions.
- ○ **Leïla Marquet :** L'alimentation va beaucoup changer dans les années qui viennent. Pour protéger la planète et pour notre santé, on mangera beaucoup moins de viande et de poisson. Les animaux seront mieux protégés et on mangera plus de fruits et de légumes. On retournera aux céréales complètes, qui sont bien meilleures que les autres céréales. On consommera plus d'algues et d'insectes, qui sont très bons quand ils sont bien cuisinés. Et on gaspillera encore, mais il y aura moins de gaspillage d'eau et de nourriture qu'aujourd'hui... Je l'espère en tout cas.
- **Journaliste :** Et est-ce qu'on mangera de la cuisine numérique ? Est-ce qu'on pourra imprimer des pizzas, par exemple ?
- ○ **Leïla Marquet :** Oui, c'est déjà le cas. Il y a déjà une machine qui imprime des pizzas pour les astronautes. Mais, personnellement, je préfère aller à la pizzeria.

Piste 18 - Leçon 3. Activité 4

Guide extraterrestre : Ici, on est sur Arc-en-Ciel, la planète des couleurs. Ici, il n'y a ni noir, ni blanc, ni gris, juste des couleurs. Alors là on est dans la zone verte : toutes les couleurs sont présentes, mais c'est le vert qui domine comme vous pouvez le voir. Ici, vous trouverez toutes les nuances de vert possibles, du plus clair au plus foncé. La zone bleue est juste là, à droite, un peu plus loin par là vous avez l'indigo et le violet. Et là-bas, de l'autre côté, vous avez les zones jaune, orange et rouge. On les visitera tout à l'heure. Et là-bas dans le ciel, la planète que vous voyez, c'est Yin-Yang. C'est la planète en noir et blanc. Là-bas, il n'y a pas de couleurs, rien que du blanc, du noir et du gris. Mais la lumière y est très jolie. Les habitants d'Arc-en-Ciel adorent passer leurs vacances là-bas, ça nous repose les yeux. Et inversement : les gens de Yin-Yang viennent ici faire du tourisme, ça les change un peu du gris.

En route vers le DELF

Piste 19 - Compréhension orale 1

- **Journaliste :** Bonjour Monsieur. Je fais un micro-trottoir pour Radio Bulle. Est-ce que j(e)'peux vous poser une question ?
- ○ **Homme :** Oui, oui, allez-y.
- **Journaliste :** Parmi les cinq sens, quel est votre sens préféré ?
- ○ **Homme :** Mon sens préféré ? ... Euh... Le goût, je crois. J'adore manger !
- **Journaliste :** Merci beaucoup et bonne journée !

Piste 20 - Compréhension orale 2

- **Shaïma :** Eh Anatole ! Tu pars quand ?
- ○ **Anatole :** Je pars demain... Tu viendras m(e)'voir ?
- **Shaïma :** Oh tu sais, moi, j'aime pas beaucoup les villes.
- ○ **Anatole :** C'est plus p(e)tit que Nantes, La Rochelle. Si tu viens en juin, on pourra se baigner. (Il) y a des plages à La Rochelle.
- **Shaïma :** Et on pourra faire du surf ?
- ○ **Anatole :** Ça, je (ne) sais pas. Mais tu viendras me voir ?
- **Shaïma :** Peut-être.

Piste 21 - Compréhension orale 3

- **Journaliste :** Bonjour Karine Navis.
- ○ **Karine Navis :** Bonjour.
- **Journaliste :** Merci d'avoir accepté de nous recevoir. Vous n'aimez pas beaucoup les interviews, non ?
- ○ **Karine Navis :** Je suis un peu timide. J(e)'préfère écrire que parler, je crois.
- **Journaliste :** Et vous écrivez beaucoup. À trente-deux ans, vous avez déjà écrit six romans pour adolescents et trois romans pour adultes. Et je parle de romans de cinq cents, six cents pages... Vous n(e)'dormez jamais ?
- ○ **Karine Navis :** C'est que... j'ai commencé à écrire très jeune, quand j'étais enfant. J'ai toujours rêvé de faire des bandes dessinées. Mais, voilà, je n'étais pas douée pour le dessin. Alors je me suis mise à écrire les histoires que je ne pouvais pas dessiner. Et je n'ai jamais arrêté.

À PLUS 2

Cahier d'exercices

AUTEURES
Sandra Lo-Ré
Marie Rivière

COORDINATION ÉDITORIALE
Marie Rivière

CONCEPTION GRAPHIQUE
Xavier Carrascosa, Ana Varela García

MISE EN PAGE
Ana Varela García

COUVERTURE
Luis Lujan

ILLUSTRATIONS
Laura Desiree Pozzi

CORRECTION
Isabelle Meslin

REPORTAGE PHOTOGRAPHIQUE
Marie Rivière

ENREGISTREMENTS
Blind Records

PROGRAMMATION
Ana Castro

Crédits (images et sons)
Couverture : Marie Rivière/Difusión. **Unité 1 :** p. 3 Marie Rivière/Difusión ; p. 5 Buruhtan/Dreamstime ; Jelena Katavic/Dreamstime ; p. 7 Martin Dimitrov/ iStock ; eyecrave/iStock ; p. 9 MachineHeadz/iStock ; Peter Burnett/iStock ; SolStock/iStock ; Studio-Annika/iStock ; FabioFilzi/iStock ; innovatedcaptures/ iStock ; p. 10 Greyjj/Dreamstime. **Unité 2 :** p. 11 Marie Rivière/Difusión ; p. 13 CronopiANA/Wikimedia Commons ; p. 14 Laura Desirée Pozzi/Difusión ; p. 15 Stokkete/Dreamstime ; Yuritz/Dreamstime ; franckreporter/iStock ; XiXinXing/iStock ; Frederic Leighton (photo : Artrenewal.org)/Wikimedia Commons ; Minnitre/Fotolia ; p. 16 wundervisuals/iStock ; p. 17 auryndrikson/Fotolia ; Leonardo Poletto/Wikimedia Commons ; Ron Sumners/Dreamstime ; Zeny Rosalina/ Unsplash ; Dgemma/Dreamstime ; Stilfehler/Wikimedia Commons ; pagadesign/iStock ; Roberto A Sanchez/iStock. **Unité 3 :** p. 19 Marie Rivière/Difusión ; p. 20 Laura Desirée Pozzi/Difusión ; p. 22 milamon0/Fotolia ; stevanovicigor/iStock ; Axel Bueckert/Fotolia ; blackday/Fotolia ; elkor/iStock ; blackday/Fotolia ; James Steidl/Dreamstime ; Cenorman/Dreamstime ; p. 23 energyy/iStock ; nito/Fotolia ; Patryssia/Fotolia ; Taiga/Dreamstime ; Sofiaworld/Dreamstime ; Icyyoke/Dreamstime ; Gsk2013/Dreamstime ; goodluz/Fotolia ; p. 24 isuaneye/Fotolia ; Mu/Wikimedia Commons ; Sebleouf/Wikimedia Commons ; Julien Bertrand/Wikimedia Commons ; jeancliclac/Fotolia ; MHM55/Wikimedia Commons ; Florian Godard/Clerey/Wikimedia Commons ; anonyme/Wikimedia Commons ; Smithsonian Institution/Wikimedia Commons ; Cleardesign/Dreamstime ; p. 25 anonyme / Walters Art Museum/Wikimedia Commons ; Radub85/ Dreamstime ; Rudolf Ernst/Wikimedia Commons ; Auguste Roubille/Wikimedia Commons ; p. 26 anonyme (domaine public)/Wikimedia Commons ; bravo1954/ iStock. **Unité 4 :** p. 27 Marie Rivière/Difusión ; p. 28 Aperturesound/Dreamstime ; katrin_timoff/Fotolia ; Grantotufo /Dreamstime ; Cristian Mihai Vela / Dreamstime ; p. 29 Almaz888/Dreamstime ; Paparazzofamily/Dreamstime ; Hiob/iStock ; p. 30 Laura Desirée Pozzi/Difusión ; p. 31 VisualCommunications/ iStock ; Burlesck/Dreamstime ; Enzojz/iStock ; ihba/iStock ; FotografiaBasica/iStock ; commonthings/iStock ; p. 32 gitusik/Fotolia ; Danelav/Dreamstime ; Bundit Chailaipanich/Dreamstime ; p. 33 Espencat/Wikimedia Commons ; Whiteisthecolor/Dreamstime ; fotos4u/Fotolia ; Roman Bonnefoy/Wikimedia Commons ; p. 34 Shao-chun Wang/Dreamstime. **Unité 5 :** p. 35 Marie Rivière/Difusión ; p. 36 ozgurdonmaz/iStock ; paigemcfadden/iStock ; martinedoucet/ iStock ; Olybrius/Wikimedia Commons ; Wavebreakmedia/iStock ; Jacek Chabraszewski/Dreamstime ; p. 39 partymix/Freesound ; fastson/Freesound ; martats/Freesound ; jessepash/Freesound ; jorgenjak/Freesound ; monotraum/Freesound ; Marguerite Voisey/Dreamstine ; Narimbur/Dreamstine ; Zbigniew Ratajczak/Dreamstime ; Nomadsoul1/Dreamstime ; Roxana Gonzalez/iStock ; Rubysunday/Dreamstime ; p. 41 tibo88/Fotolia ; p. 42 Nimon Thong-uthai / Dreamstime. **Unité 6 :** p. 43 Marie Rivière/Difusión ; p. 44 Marina Yakutsenya/Dreamstime ; p. 46 Joanne Zh /Dreamstime ; Rancz Andrei/Dreamstime ; Morganka/Dreamstime ; Innovatedcaptures/Dreamstime ; Draghicich/Dreamstime ; Hai Huy Ton That /Dreamstime ; p. 47 Laura Desirée Pozzi/Difusión ; p. 49 NASA/Wikimedia Commons ; AbstractUniverse/Fotolia ; p. 50 gmm2000/Fotolia. **Portfolio :** p. 52 Daniel Oravec /Dreamstime ; Yodke67/Dreamstime ; p. 53 Ana Paula Hirama/Wikimédia Commons ; Alexander Baranov/Wikimédia Commons ; Alexander Baranov/Wikimédia Commons ; p. 54 Paulo Etxeberria/ Wikimédia Commons. **Préparation au DELF :** p. 58 Marie Rivière/Difusión ; Sylvain Robin/Dreamstime ; Marie Rivière/Difusión ; Marie Rivière/Difusión ; Marie Rivière/Difusión ; p. 59 David Franklin/Dreamstime ; Popova Olga/Fotolia ; aureliefrance/Fotolia ; p. 60 Greyjj/Dreamstime ; Greyjj/Dreamstime ; Greyjj/ Dreamstime ; Greyjj/Dreamstime ; Greyjj/Dreamstime ; Greyjj/Dreamstime.

Cet ouvrage est basé sur l'approche didactique et méthodologique mise en place par les auteurs de *Gente joven* et *Pourquoi Pas !*.

© Difusión, Centre de recherche et de publications de langues, S.L., 2016
Réimpression : août 2018
ISBN édition internationale : 978-84-16273-17-1
Imprimé dans l'UE

EDITIONS maison des langues

www.emdl.fr/fle

DANGER
LE PHOTOCOPILLAGE TUE LE LIVRE